MONARCHIE DE JUILLET.

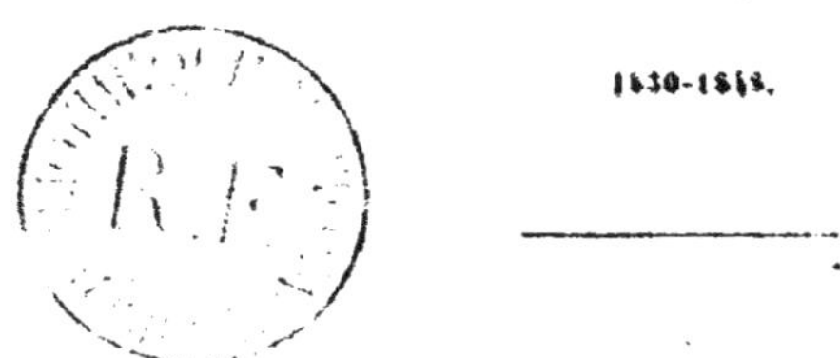

1830-1848.

———

Depuis la destruction de la République par la révolution du 18 brumaire, la France avait fait deux essais de monarchie, l'un avec la gloire et la domination de l'Europe, l'autre avec la paix et la légitimité : tous deux avaient échoué. Le nouvel essai monarchique qu'elle tenta en 1830 semblait avoir des conditions plus parfaites de succès et de vitalité. En effet, la grande rénovation sociale de 1789 avait eu principalement pour objet d'arracher le pouvoir à une aristocratie étroite et oppressive pour le donner à la démocratie éclairée, aux classes moyennes, à ce qu'on appelle improprement la bourgeoisie ; mais les classes moyennes ne l'avaient pas encore possédé : la République avait donné le pouvoir à la multitude, l'Empire à l'armée, et la Restauration s'était perdue pour avoir tenté de le donner aux hommes de l'ancien régime. La révolution de 1830 était donc le triomphe de ces classes moyennes qui n'avaient jamais désiré qu'une liberté tempérée, la monarchie représentative, un roi bourgeois, et le gouvernement des hommes de milieu, de propriété, d'intelligence. Ce régime, elles avaient pensé l'obtenir d'emblée, dès l'origine de la révolution, avec le modeste Louis XVI ; mais quand ce prince eut perdu leur confiance par ses appels à l'étranger, elles se tournèrent vers la famille d'Orléans, et dès 1793 penchèrent vers le combattant de Valmy par de secrètes sympathies et de lointaines espérances. 1815 réveilla ces espérances, ces sympathies, et 1830 les fit triompher en mettant sur le trône une famille qui semblait aux yeux de la bourgeoisie, par son antiquité comme par ses opinions, l'union vivante du passé et du présent de la France, du principe monarchique et des idées de la révolution. Quant au peuple, sa joie fut moins grande : celui des villes était resté, sous la Restauration comme sous l'Empire, révolutionnaire ; il n'aimait donc pas les Bourbons, à quelque branche qu'ils appartinssent ; mais il se laissa entraîner par l'opinion des classes riches et éclairées, et s'il vit avec une sorte d'inquiétude et d'étonnement le duc d'Orléans monter sur le trône, ce fut aussi sans résistance. Le peuple des campagnes fit de même : la politique révolutionnaire se réduisait pour lui à la possession paisible et incontestée des biens nationaux ; il avait donc été contraire à la Restauration, qui paraissait menacer cette possession ; mais la révolution nouvelle vidant à jamais la question contre l'ancien régime, il l'accepta sans enthousiasme comme sans répugnance. De sorte que, en définitive, et bien que la couronne eût été donnée, sans le consentement de la nation, par deux Chambres qui n'avaient pas reçu cette mission, il n'y eut pas de gouvernement depuis 1789 qui parût réunir réellement plus de suffrages.

Trois minorités protestèrent contre la monarchie de juillet : la minorité légitimiste, composée presque uniquement de l'ancienne noblesse et du clergé, et qui n'avait de

partisans dans le peuple que dans la Vendée et les provinces du Midi; la minorité bonapartiste, qui aurait été probablement la majorité nationale, si elle n'eût été représentée
par un enfant exilé, et qui ne tarda pas à se fondre soit dans le parti du gouvernement,
soit dans le parti républicain; enfin la minorité républicaine, encore peu nombreuse,
mais composée d'hommes audacieux, déterminés, d'une turbulence et d'une activité extrêmes, et ayant derrière elle les mécontents, les ambitieux, les hommes de désordre et
d'anarchie.

La situation de l'Europe vint troubler la victoire et la joie des classes qui venaient de
monter au pouvoir avec la famille d'Orléans.

La révolution de juillet avait paru à tous les peuples une résurrection de la France républicaine et impériale; tous ceux qui avaient été vaincus avec nous en 1815 crurent le
moment venu de leur délivrance; les trônes tremblèrent devant le principe de la souveraineté populaire qui venait de rentrer dans le monde avec tant d'éclat; il semblait
que le drapeau tricolore, sorti de sa poussière, n'eût qu'à se montrer sur les Alpes et sur
le Rhin pour changer la face de l'Europe. Des insurrections éclatèrent en Belgique, en
Pologne, en Italie; aussi les rois absolus, pris à l'improviste, s'empressèrent de reconnaître
le nouveau gouvernement de la France; mais en même temps ils renouèrent leur coalition
et se préparèrent à la guerre.

Entre les hommes qui avaient fait la révolution de 1830 « il y avait dissentiment sur la
manière de l'apprécier et de la diriger. » Les uns voulaient, comme M. Guizot, « res-
treindre ce changement dans les plus étroites limites, » c'est-à-dire l'arrêter au changement
de drapeau et de dynastie; et le chef des doctrinaires était sorti du premier ministère de
juillet « pour ne pas faire dévier la révolution de son caractère primitif et tendre à la république : » c'était l'opinion de la majorité parlementaire. En conséquence ceux-ci voulaient
qu'on abandonnât à elles-mêmes, qu'on désavouât ouvertement les insurrections faites à
l'exemple de la révolution de 1830. Les autres, comme M. Laffitte, « ne croyaient pas que
cette révolution pût dégénérer en anarchie et qu'on dût prendre des précautions contre
elle; » ils voulaient donc qu'on lui laissât porter ses conséquences, et ils avaient posé à
l'étranger le principe de non-intervention comme condition de la paix de l'Europe. C'était
l'opinion des chefs les plus éminents de la révolution, de Lafayette, de Dupont (de l'Eure),
de la minorité parlementaire et du parti républicain. Ces deux grands partis étaient
appelés la *résistance* et le *mouvement*. Quant à la majorité de la nation, elle savait que
la cause des peuples était la sienne; elle sympathisait avec les idées d'indépendance de
l'Italie et de la Pologne; mais elle n'était pas disposée à rentrer dans la carrière sanglante
qu'elle avait parcourue pendant vingt-cinq ans, à sacrifier ses enfants, ses trésors pour
faire de la propagande révolutionnaire; elle sentait le joug des traités de 1815, mais elle
ne croyait pas qu'elle pût le secouer sans engager une guerre universelle; elle voulait donc
le maintien de la paix. C'était aussi la pensée du nouveau roi, qui avait une dynastie à
fonder : modérer, atténuer, faire accepter la révolution, était toute sa politique; et, dans une
lettre à l'empereur de Russie, il l'exposa avec une habileté qui pouvait être moins humble,
en s'efforçant de le rassurer sur les suites de la *catastrophe* de juillet, en lui démontrant
que la paix de l'Europe dépendait de l'appui qu'on donnerait à la dynastie d'Orléans pour
enchaîner l'esprit révolutionnaire. Cette lettre et surtout la réponse dédaigneuse qu'y fit le
czar produisirent une fâcheuse impression sur la nation, qui sortait à peine de lire les
messages impérieux de Napoléon. Louis-Philippe en atténua l'effet en se tournant habile-
ment vers l'Angleterre et en faisant alliance avec elle : la coalition devenait ainsi impossible
et la paix du monde était assurée. Alors les rois du Nord, tout en continuant à regarder

la révolution de juillet comme une défaite menaçante, tout en traitant la France avec froideur et défiance, tout en tenant son gouvernement dans une sorte de *quarantaine*, crurent nécessaire de lui faire quelques concessions, sinon en Pologne et en Italie, au moins en Belgique.

On sait quelle haine existait entre les Belges et les Hollandais, ces deux peuples unis si absurdement par le traité de Vienne, et que tout séparait, la religion, les mœurs, la langue. La Belgique, qui se regardait comme sacrifiée et soumise à la Hollande, se révolta ; le roi Guillaume essaya de la maintenir sous sa domination par la force : ses troupes furent battues et chassées ; un gouvernement provisoire s'établit et un congrès fut convoqué à Bruxelles pour décider du sort du pays. Les uns voulaient la réunion de la Belgique à la France, les autres une existence indépendante. Le roi des Pays-Bas en appela aux puissances signataires du traité de Vienne. Celles-ci craignirent que la Belgique ne se donnât à la France, et, par le conseil de l'Angleterre, elles sacrifièrent l'œuvre de 1811 et leur allié Guillaume, en consentant, malgré elles, à la séparation des deux parties du royaume des Pays-Bas. Une conférence fut ouverte à Londres qui ordonna aux Belges et aux Hollandais de cesser les hostilités et déclara le royaume des Pays-Bas dissous (20 novembre 1830). C'était une grande concession faite à la révolution ; mais le parti du mouvement n'en fut pas satisfait : puisque les traités de 1815 se brisaient d'eux-mêmes, il aurait voulu que ce fût à notre profit, et qu'on aidât hardiment la Belgique à devenir française.

La Pologne avait accueilli la nouvelle de la révolution de juillet avec un enivrement plein d'espoir : son armée ayant reçu du czar Nicolas l'ordre de se mettre sur le pied de guerre, elle regarda cet ordre comme le signal de la guerre de la coalition contre la France, et « l'avant-garde se retourna contre le corps de bataille. » Les Russes furent chassés de Varsovie ; tout le pays se souleva avec enthousiasme ; une diète fut convoquée, un dictateur nommé, un manifeste envoyé en Angleterre et en France pour solliciter l'appui de ces deux États. Jamais révolte n'avait été plus héroïque ; mais il fallait avec 30 ou 40,000 soldats lutter contre les 500,000 hommes de la Russie ; et l'anarchie, cette plaie perpétuelle de la Pologne, la cause de tous ses malheurs, paralysa toutes ses ressources. Le czar, plein de colère d'une insurrection qui mettait en doute sa puissance, lança sur la Pologne une première armée de 120,000 hommes avec 400 canons, commandée par Diébitch et le grand-duc Constantin. Alors la guerre commença par la bataille de Grochow qui dura trois jours, où les Polonais perdirent 5,000 hommes et les Russes 10,000.

L'insurrection de la Pologne excita en France un élan universel ; tous les partis donnèrent de touchants témoignages d'affection et de douleur à cette sœur de la France, tant de fois sacrifiée, et qui sortait de son tombeau si belle et si dévouée : si la Pologne eût été à notre portée, notre armée eût couru d'elle-même à sa délivrance. Mais la question polonaise était autrement grave que la question belge : il n'y avait pas là de conférence de Londres à établir ; la guerre seule et la guerre universelle pouvait la résoudre, car l'Angleterre refusa même son concours à la France pour faire entendre des paroles de pitié au bourreau de la Pologne. Le gouvernement français ne fit donc rien pour secourir les Polonais, et leur lutte contre la Russie ne fut qu'une lutte de rage et de désespoir.

Les insurrections avortées de 1820 avaient appris à l'Italie à chercher dans l'unité son indépendance : c'était le rêve de tous les hommes éclairés de ce pays, mais ces hommes étaient en petit nombre, pendant que les masses populaires se trouvaient plongées dans la plus brutale ignorance. Néanmoins le contre-coup de la révolution de juillet fit soulever les populations des duchés de Parme et de Modène, et surtout celles des États de l'Église, courbées sous le plus mauvais gouvernement qui soit en Europe. Un gouvernement provisoire fut établi à Bologne, et la domination temporelle du pape sembla perdue. Mais l'Autriche se prépara à entrer dans les pays insurgés, et la France ne parut pas disposée à défendre par les armes son principe de non-intervention.

La condescendance du gouvernement de juillet dans la question belge, son immobilité dans les questions polonaise et italienne mécontentèrent une partie de la nation. La révolution de 1830 avait été pour le peuple moins une défense de la constitution qu'une revanche de 1814, c'étaient moins les violateurs de la Charte que les vassaux de l'étranger qu'il avait proscrits dans la branche aînée des Bourbons. Il s'irrita donc, il s'indigna de la politique extérieure du gouvernement; il n'y vit que de l'égoïsme, de la couardise, de l'apostasie; il ne vit pas les étreintes, les entraves, les impossibilités fatales qu'ont élevées autour de la France, quel que soit son gouvernement, ces traités de 1815, victoire de l'absolutisme sur la révolution, triomphe de principes ennemis de nos principes, œuvre infernale qui interdit à notre pays tout mouvement, toute action, toute influence extérieure, sous peine de se voir écrasé par une coalition.

Le discrédit de la monarchie de juillet dans les questions extérieures rendit sa position à l'intérieur très-difficile et fit commencer contre elle ce régime des émeutes, qui l'ébranla pendant cinq ans, et laissa croire à tant d'esprits exaltés que le gouvernement sorti des barricades pouvait être renversé par un coup de main.

Le procès des ministres de Charles X en fut la première occasion. M. de Polignac et trois de ses collègues avaient été arrêtés : ils furent traduits devant la Cour des pairs; mais on trouva étrange de faire juger les derniers ministres de la Restauration par les hommes qui avaient partagé leurs idées, par des vaincus de juillet, par les juges du maréchal Ney. Le peuple crut qu'on voulait les sauver, et pendant plusieurs jours il assiégea le Luxembourg avec des cris de mort; enfin, quand l'arrêt qui condamnait les ministres à la prison perpétuelle eut été prononcé (21 décembre 1830), il parut prêt à engager une bataille dans les rues et à renverser le gouvernement. Tout ce tumulte s'apaisa sans qu'il y eût de sang versé; mais une scission entre le peuple et la garde nationale s'opéra, et le gouvernement commença à regarder et à traiter comme ennemis les hommes de juillet. Lafayette fut destitué du commandement général des gardes nationales.

Deux mois après (11 février 1831), les légitimistes ayant célébré dans l'église Saint-Germain-l'Auxerrois l'anniversaire de la mort du duc de Berry, la foule s'amassa inquiète et menaçante, et sur le bruit qu'on avait couronné un buste du duc de Bordeaux, elle envahit l'église et y détruisit autels, ornements, meubles, tableaux. Le lendemain l'archevêché, demeure d'un prélat impopulaire, fut attaqué, dévasté, démoli de fond en comble. Ni les autorités, ni la garde nationale n'osèrent arrêter ces sacrilèges et stupides destructions; et pendant plusieurs jours on vit, comme dans les plus mauvais temps de 93, les croix arrachées de toutes les églises et les fleurs de lis de tous les monuments.

Au milieu de ces troubles, le gouvernement montrait une grande faiblesse, une grande indécision : le roi et la majorité des chambres auraient voulu faire de la compression, poser des bornes à l'esprit d'agitation, tenir une politique de *juste-milieu*; mais ils étaient tiraillés en sens contraire par les souvenirs de leur origine, par la révolution encore grondante, par la fraction républicaine qui était dans le cabinet et dominait la représentation nationale, et ils se trouvaient ainsi entraînés à faire des concessions au parti du mouvement. L'établissement de juillet flottait ainsi depuis neuf mois dans les irrésolutions et semblait prêt à s'engloutir dans l'anarchie, lorsque le roi se décida à rompre complétement avec Laffitte, Dupont (de l'Eure) et les autres ministres du mouvement, et à se jeter ouvertement dans la résistance. Casimir Périer fut appelé à former un ministère :

c'était un homme d'une rare énergie, le vrai représentant de ces classes libérales qui avaient préparé, sans la faire, la révolution, et qui voulaient la guider, l'arrêter et la consolider. Sa mission était de ruiner les partis à l'intérieur et d'en finir avec les questions extérieures nées du grand bouleversement de 1830.

Les Belges avaient choisi pour roi le duc de Nemours, second fils de Louis-Philippe; mais celui-ci, par ménagement pour l'alliance anglaise, refusa. Alors Léopold, prince de Saxe-Cobourg, fut élu (4 juin 1831). La conférence de Londres, par le traité des 24 articles (15 octobre), fixa les limites entre la Belgique et la Hollande, donna à la première une partie seulement du Luxembourg et du Limbourg, et la déclara perpétuellement neutre. Guillaume protesta, et espérant entraîner les rois du Nord, il entra en Belgique, battit l'armée belge, et allait prendre Bruxelles, lorsque, à l'appel de Léopold, 50,000 Français accoururent. Les Hollandais reculèrent, et l'armée française rentra sur notre territoire; mais les premiers gardèrent Anvers et plusieurs forts compris dans les limites de la Belgique, et l'indépendance du nouvel État ne fut reconnue que par la France et l'Angleterre. Malgré cela, le royaume des Pays-Bas, cet État créé contre nous en 1815, n'en cessa pas moins d'exister; ses forteresses, bâties par la coalition et avec notre argent pour nous surveiller, durent être démolies; enfin notre frontière se trouva réellement reculée de soixante lieues. La création du royaume de Belgique était donc pour la France une victoire, victoire modeste sans doute, mais qui avait été obtenue sans tirer l'épée et par le contre-coup seul de notre révolution.

La question polonaise fut loin d'être résolue aussi heureusement. Après la bataille de Grochow, les hostilités avaient été suspendues; mais le czar exigeant que les Polonais se rendissent à discrétion, ceux-ci recommencèrent la guerre. Ils gagnèrent deux batailles; mais le choléra se mit dans leurs rangs et y fit d'affreux ravages; les provinces méridionales, qui voulurent prendre part à l'insurrection, en furent empêchées par l'intervention des Autrichiens; néanmoins ils livrèrent encore la bataille d'Ostrolenka, bataille indécise, après laquelle ils se retirèrent à Varsovie et les Russes à Pultusk. Diebitch et le grand-duc Constantin moururent du choléra et furent remplacés par Paskewitch, le vainqueur des Perses. Celui-ci passa sur la rive gauche de la Vistule et attaqua les trois lignes de fortifications qui couvraient Varsovie : après une bataille de trois jours où 35,000 Polonais résistèrent à 100,000 Russes, la ville capitula (6 septembre 1831), et l'insurrection polonaise n'eut plus qu'à implorer la clémence du czar. La nouvelle de ce désastre causa à Paris une douleur inexprimable : c'était pour notre honneur un autre Waterloo; des rassemblements se formèrent, on cria à la trahison ; mais le gouvernement déploya toutes ses forces, et l'ordre régna à Paris, comme il régnait, suivant l'odieuse expression d'un ministre, « comme il régnait à Varsovie. »

En Italie, les Autrichiens entrèrent à Parme et à Modène et marchèrent sur Bologne. Le gouvernement provisoire de la Romagne n'avait qu'une armée de 7,000 hommes; il sollicita vainement l'appui de la France, se réfugia à Ancône, et capitula moyennant une amnistie qui fut violée. Les Autrichiens occupèrent la Romagne; mais sur les représentations de la France, lorsque l'ordre fut rétabli, ils l'évacuèrent. Alors les cinq grandes puissances envoyèrent au pape une note (21 mai 1831) par laquelle ils lui conseillèrent de faire des réformes dans ses États, telles que l'établissement d'assemblées communales et provinciales, l'admission des laïques dans les emplois, etc. Grégoire XVI éluda ou refusa ces réformes; et l'insurrection ayant recommencé, il envoya contre elle des troupes qui se déshonorèrent en saccageant Forli et Césène: il appela même les Autrichiens, qui rentrèrent à Bologne. A cette nouvelle, Casimir Périer prit une résolution hardie et sendaine; on avait cédé en Belgique sur des points de détail; on n'avait pu secourir la Pologne, car, suivant l'expression touchante des Polonais, Dieu est trop haut et la France trop loin; mais laisser les Autrichiens se promener à leur gré en Italie était une insulte intolérable. Il ordonna à trois vaisseaux de porter 1,100 hommes à Ancône : la ville fut surprise et occupée par les troupes françaises aux acclamations de la population. Le pape protesta; l'Autriche fit des menaces; le ministère français déclara qu'il garderait Ancône jusqu'à ce que les Autrichiens eussent évacué les États de l'Église. Cet acte de vigueur fit une grande sensation en Europe.

Pendant que ces événements se passaient à l'extérieur, Casimir Périer rétablissait l'ordre à l'intérieur par des mesures énergiques et rigoureuses jusqu'à la violence : il poursuivait les excès de la presse, les troubles des rues, les sociétés secrètes, il imposait sa volonté despotique au roi comme à la représentation nationale. La chambre de 1830 avait été dissoute, et les élections, faites d'après la nouvelle loi électorale, qui réduisait le cens d'électeur à 200 francs et celui d'éligible à 500, envoyèrent une majorité toute dévouée au parti de la modération ou de la résistance. Cette chambre vota l'abolition de l'hérédité de la pairie, le bannissement des Bourbons de la branche aînée, la liste civile de la nouvelle royauté, qui fut fixée à 12 millions, etc.

Les partis furent comprimés, mais non abattus; ils avaient un aliment dans la misère publique, l'interruption du commerce, le chômage des manufactures; et pendant que les légitimistes songeaient à soulever le midi et la Vendée, une insurrection terrible, qui eut moins un caractère politique que *social*, éclata à Lyon.

La fabrique lyonnaise avait beaucoup souffert de la révolution et surtout de la concurrence étrangère. Les ouvriers, se trouvant réduits à une profonde misère, obtinrent de leurs patrons, soit de gré, soit de force, mais avec le consentement de l'autorité, un tarif qui augmentait leurs salaires. Les fabricants prétendirent que ce tarif n'était pas obligatoire, et ils refusèrent de s'y conformer. Alors les ouvriers cessèrent de travailler; des rassemblements se formèrent, la garde nationale ne put les dissiper; des barricades furent élevées et des drapeaux promenés avec cette terrible devise : *Vivre en travaillant ou mourir en combattant.* En vingt-quatre heures Lyon se trouva au pouvoir de l'insurrection; les troupes et les autorités furent contraintes de s'ouvrir un passage avec le canon et d'abandonner la ville. Trois jours après (3 décembre 1831), le maréchal Soult, ministre de la guerre, et le duc d'Orléans arrivèrent avec une armée; ils entrèrent sans coup férir et rétablirent l'action régulière du gouvernement; les ouvriers furent désarmés, la garde nationale licenciée, une garnison de 20,000 hommes imposée à la ville.

Une terrible question venait de se révéler dans l'insurrection lyonnaise : c'était la question des salaires, de la misère des ouvriers, de l'organisation du travail. Le gouvernement n'y vit qu'une émeute ordinaire, et il se félicita de ce qu'elle n'était pas politique. La Chambre des députés ne fut pas plus clairvoyante et demanda seulement « qu'on opposât à ces déplorables excès toute la puissance des lois. La sûreté des personnes, dit-elle, a été violemment attaquée, la propriété a été menacée dans son principe, la liberté de l'industrie a été menacée de destruction, la voix des magistrats n'a pas été écoutée. Il faut que ces désordres cessent promptement, il faut que de tels attentats soient énergiquement réprimés... » Puis l'on rentra dans la politique ordinaire, dans la guerre des portefeuilles, dans les sourdes et mesquines intrigues qui ont déshonoré pendant dix-sept ans la monarchie constitutionnelle et ont fini par la perdre. Il y avait évidemment quelque chose à étudier, à rechercher, à préparer; et à cette époque le saint-simonisme donnait l'exemple au gouvernement en fouillant toutes les questions sociales avec l'audace la plus menaçante; mais on s'endormit dans les errements du passé, et l'on ne fit rien pour garantir l'avenir. La politique personnelle du roi semblait être l'immobilité : malgré sa grande instruction, sa vive intelligence, son expérience profonde, il ne mit son habileté, pendant tout son règne, qu'à vivre au jour le jour, qu'à tourner les difficultés sans les résoudre, n'abordant les questions que lorsqu'elles s'étaient offertes, usant enfin les hommes les uns par les autres ; politique du moment et non de l'avenir, qui pouvait donner quelques années de repos et de prospérité matérielle, mais qui était incapable de rien fonder de grand et de durable. Quant à Casimir Périer, homme courageux et indomptable, mais aussi homme profondément irritable et continuellement passionné, sa pensée unique était de réprimer, sa vie était la lutte.

La répression paraissait, en effet, la tâche la plus urgente du gouvernement; car il y avait sur toute la surface de la France une effervescence qui semblait présager de nouvelles catastrophes; et les partis extrêmes, s'étourdissant de leur propre bruit, s'enivrant de leur propre colère, en vinrent, l'un dans la Vendée, l'autre à Paris, à la guerre civile.

L'agitation légitimiste se borna, dans le Midi, à des paroles et à des injures; mais dans la Vendée de petites bandes de réfractaires et de chouans arrêtaient les voitures publiques, tuaient les gendarmes, tenaient en haleine tous les fonctionnaires. La garde nationale et la troupe de ligne les poursuivaient avec rigueur et n'étaient occupées que de désarmements, de visites domiciliaires, d'arrestations. Tout cela n'était pas la Vendée d'autrefois, et trente ans d'administration calme, le partage des biens nationaux, le souvenir des souffrances de 93 avaient apaisé bien des passions. Mais quelques têtes folles n'en songèrent pas moins à tenter une restauration de Henri V par le soulèvement de ce malheureux pays. C'était la pensée de la duchesse de Berry, qui s'était établie en Italie et avait des correspondances par toute la France : malgré l'avis des hommes graves du parti, cette femme légère et amoureuse d'aventures s'embarqua dans un petit port de la Toscane et aborda secrètement à Marseille. Les légitimistes de cette ville essayèrent de la soulever, mais leur tentative n'eut pas le moindre succès. Alors la duchesse se décida à traverser la France et à se jeter dans la Vendée. Elle trouva la noblesse du pays dévouée à sa cause, mais répugnant à la guerre civile. Une prise d'armes fut néanmoins ordonnée, mais elle n'aboutit qu'à des engagements sans portée comme sans résultats; le gouvernement mit en état de siége quatre départements et les couvrit de troupes; la duchesse s'enfuit à Nantes et s'y cacha.

L'opposition parlementaire avait cru bon de faire une protestation éclatante contre la marche du gouvernement soit à l'intérieur, soit à l'extérieur, espérant éclairer le roi et l'entraîner dans une voie contraire. A cet effet elle adressa à toute la France un *compte-rendu* de la session qui était une sorte de mise en accusation de la majorité des chambres et du ministère. Ce compte-rendu causa une grande agitation, et fit croire au parti républicain qu'il trouverait un centre et un gouvernement tout fait dans la minorité des députés; aussi les sociétés démocratiques songèrent, avec leur audace et leur présomption ordinaires, à en finir avec la monarchie de 1830 par une insurrection.

Le choléra avait envahi la France et faisait de grands ravages à Paris. Casimir Périer, malade depuis longtemps de la lutte qu'il soutenait contre les partis, contre les chambres, contre le roi lui-même, en mourut (16 mai). Cette mort fut considérée comme une calamité publique par la bourgeoisie, et elle manifesta ses regrets et sa pensée par des funérailles magnifiques. Quelques jours après, l'un des grands orateurs de l'opposition, le général Lamarque, mourut. Ce fut l'occasion pour le parti démocratique de répondre à la démonstration faite en l'honneur de Périer et de défier le gouvernement à une bataille (5 juin

1832. Une colonne immense d'ouvriers, d'étudiants, de gardes nationaux, la plupart armés, suivit le convoi avec des cris menaçants et provocateurs : A bas Louis-Philippe! vive la république! Le gouvernement avait mis sur pied 25,000 hommes, qui couvraient la plupart des places et des quais. Près du pont d'Austerlitz, une lutte s'engagea entre les gens du cortége et un régiment de dragons. Alors les cris : Aux armes! retentirent de toutes parts; on fit des barricades, on enleva des postes, on pilla des magasins d'armes, et à la fin de la journée l'insurrection était maitresse de la moitié de la ville. La consternation était aux Tuileries : si l'opposition du compte-rendu, si un nom populaire, si Lafayette se jetait dans le mouvement, c'en était fait de la dynastie. Mais le parti républicain n'avait ni centre, ni plans, ni chefs, et il était peu nombreux, même dans le peuple : le peuple n'ayant trouvé dans la révolution de 1830 aucun soulagement à ses maux, regardait toute insurrection comme une folie, et la plupart des ouvriers qui avaient pris les armes l'avaient fait sans convictions réfléchies, par entraînement, par amour de la lutte et de la poudre. Les barricades du 5 juin ne trouvèrent donc pas de défenseurs, et la population presque entière resta muette, indignée ou terrifiée au cri de vive la république!

Cependant le gouvernement avait concentré toutes ses forces, appelé de nouvelles troupes ainsi que la garde nationale de la banlieue, et il reprit dans la soirée et pendant la nuit la plupart des positions occupées d'emblée par les insurgés. Le lendemain la révolte se trouva renfermée dans le quartier Saint-Martin, où une centaine de républicains tint en échec pendant douze heures une armée entière : le canon seul put emporter les maisons où s'étaient retranchés cette poignée de fous héroïques.

Le ministère mit Paris en état de siége, fit des arrestations nombreuses, licencia la légion d'artillerie de la garde nationale, les Écoles polytechnique et d'Alfort, etc. Les républicains arrêtés furent traduits devant des conseils de guerre; mais le premier d'entre eux qui fut condamné en appela à la Cour de cassation, qui déclara que l'état de siége violait la Charte en enlevant les accusés à leurs juges naturels. Alors vingt-deux des insurgés furent traduits devant la cour d'assises, qui condamna les uns à la déportation, les autres à la détention.

L'insurrection de juin eut pour effet de raffermir, de fortifier le gouvernement et d'éloigner l'avénement de la république, en rendant son nom, qui rappelait déjà de si sanglants souvenirs, synonyme de guerre civile et d'anarchie. Quelque temps après, la dynastie d'Orléans se trouva débarrassée de deux compétiteurs redoutables : le duc de Reichstadt mourut, et le parti bonapartiste ne se trouva plus représenté que par des neveux inconnus de l'empereur; la duchesse de Berry, qui était cachée à Nantes depuis cinq mois, fut trahie et livrée au ministère, qui l'envoya prisonnière dans la citadelle de Blaye (6 novembre 1832). Là elle déclara qu'elle avait contracté un mariage secret et qu'elle était enceinte : le gouvernement publia froidement cette déclaration; et quand la princesse fut accouchée, il la mit en liberté et la fit conduire en Italie. Le parti de l'ancien régime fut consterné de cette scandaleuse aventure : une femme par ses amours vulgaires avait blessé à mort le principe de la légitimité.

Cependant un ministère nouveau (11 octobre 1833) avait remplacé celui que la mort de Périer avait disloqué, et il réunissait les hommes éminents du parti conservateur, MM. de Broglie, Guizot, Thiers, Soult, etc. La répression des partis permit à ce ministère de prendre à l'extérieur une position plus ferme et de terminer, à la satisfaction de la France, la question belge.

Le traité des 24 articles (15 novembre 1831) avait été approuvé par les cinq grandes puissances et accepté par la Belgique; mais la Hollande l'avait rejeté. Il fallait en venir à des mesures coercitives : l'Angleterre et la France sommèrent le roi Guillaume d'évacuer Anvers et les forts de l'Escaut. Sur son refus, deux flottes, anglaise et française, se mirent en mer pour bloquer les ports hollandais, et une armée française de 50,000 hommes, commandée par le maréchal Gérard, entra en Belgique. Cette armée mit le siége devant la citadelle d'Anvers, et, après des travaux glorieux, la força de capituler. Ce brillant fait d'armes eut un grand retentissement en Europe : c'était le défi porté par la révolution de 1830 à la coalition des rois absolus; malgré leurs sympathies pour le roi de Hollande, ceux-ci n'osèrent le relever.

Dans le même temps l'Orient et la péninsule hispanique étaient agités par de graves événements qui exigèrent l'intervention de la diplomatie française.

Le sultan Mahmoud avait, par des réformes trop rapides, accéléré l'affaiblissement de son empire, pendant qu'un de ses pachas, Méhémet-Ali, fondait en Égypte une domination qui semblait destinée à absorber tout l'empire ottoman. La Russie qui, depuis la guerre de 1824, tenait la Turquie dans une sorte de sujétion, s'apprêtait à profiter de cette situation pour mettre à exécution ses ambitieux projets sur Constantinople. La France, alliée séculaire du sultan, était intéressée au maintien de son empire; mais en même temps elle sympathisait avec le pacha d'Égypte, dont toutes les réformes et les affections étaient françaises. La guerre éclata entre le sultan et son vassal : l'armée égyptienne, commandée par Ibrahim, s'empara de Saint-Jean-d'Acre, battit successivement les Turcs à Homs et à Koniah, et, maîtresse de la Syrie, prit la route de Constantinople. Mahmoud, épouvanté, demanda le secours de la Russie, qui s'empressa de lui envoyer une armée et une flotte; mais la France intervint par ses envoyés : elle invita Ibrahim à suspendre sa marche et fut obéie; puis elle conseilla à Mahmoud de traiter avec son vassal, et la convention de Kutayeh (3 mai 1833), qui donna à Méhémet la Syrie et un district de l'Asie-Mineure, mit fin à la guerre. La flotte et l'armée russe, qui étaient arrivées à Constantinople, rentrèrent dans leur pays, mais en remportant le traité d'Unkiar-Skelessi (26 juin 1833), par lequel la Turquie s'engageait pour huit ans à fermer les Dardanelles à tous les vaisseaux de guerre étrangers, sauf les vaisseaux moscovites.

Don Pedro, empereur du Brésil, avait cédé le trône de Portugal à sa fille dona Maria, sous la tutelle de son oncle don Miguel, et en donnant à ce royaume une constitution libérale. Celui-ci, qui était l'allié des rois du Nord, s'empara de la couronne et rétablit le pouvoir absolu. Pedro abdiqua sa couronne du Brésil et vint en Europe pour reconquérir le trône de sa fille. Le gouvernement français était ennemi de don Miguel : déjà en 1831 des insultes faites à des négociants français l'avaient obligé à envoyer à Lisbonne une escadre qui força l'entrée du Tage et imposa à Miguel de dures réparations. Il permit donc à Pedro de lever en France une armée de volontaires, et celui-ci, avec l'assentiment de l'Angleterre, se jeta dans le Portugal : après une lutte longue et acharnée, il parvint à s'emparer de Lisbonne et rétablit le trône constitutionnel de dona Maria. La jeune reine fut reconnue par la France et l'Angleterre, mais don Miguel resta pour les puissances du Nord le roi légitime du Portugal.

Trois mois après cette révolution, Ferdinand VII, roi d'Espagne, mourut (29 septembre 1833), après avoir aboli la loi salique en faveur de sa fille Isabelle, dont il laissa la tutelle à sa femme Marie-Christine. Celle-ci demanda l'appui de la France contre don Carlos, frère de Ferdinand, lequel, en vertu de la loi salique, prétendait au trône. Le gouvernement de juillet voyant dans ce prince le représentant de l'absolutisme et l'allié des puissances du Nord, reconnut Isabelle.

La politique du gouvernement en Espagne, en Portugal, en Orient, en Belgique, était conforme aux intérêts de la France et aux principes de la révolution; elle fut approuvée par la majorité de la nation et marqua l'époque brillante du règne de Louis-Philippe.

A l'intérieur la marche du gouvernement fut plus timide, mais néanmoins marquée par des lois de progrès : ainsi en fut-il de la loi sur l'expropriation pour cause d'utilité publique, qui, pour la première fois, admit le jury en matière civile; de la loi sur l'instruction primaire, la première où l'on s'occupa réellement de l'éducation des pauvres et du sort des instituteurs, de la loi sur l'organisation départementale, etc.

Malgré cela l'opposition était très-ardente et accusait le gouvernement d'étouffer tous les sentiments généreux de la nation, de n'exciter en elle que des passions cupides et égoïstes, de ne vivre que par une majorité liée à la dynastie par la corruption; elle lui reprochait les nombreux procès faits à la presse, des scandales financiers, l'influence déshonnête que les hommes d'argent et les agioteurs exerçaient sur les affaires de l'État. Les sociétés démocratiques se multipliaient, répandaient partout des brochures calomnieuses contre le ministère et la dynastie, et ne cachaient pas leurs projets de guerre civile. La plus importante était la Société des droits de l'Homme, refuge de tous les mécontents et amalgame de toutes les doctrines, mais qu'un sentiment unique semblait animer, la haine du gouvernement *apostat* de 1830 : elle avait à Paris cent soixante sections; elle s'était affilié de nombreuses sociétés dans tout le royaume; elle faisait des souscriptions, entretenait des journaux, envoyait des missionnaires, amassait des armes; c'était à la fois un gouvernement et une armée. Néanmoins le parti républicain était plus bruyant que nombreux : il avait des sectateurs à Paris, à Lyon, à Dijon et dans quelques autres villes; mais il était inconnu ou détesté dans presque toutes les campagnes où l'on ne voyait pas les hommes généreux et intelligents qui étaient à sa tête, mais les hommes de désordre et d'anarchie qui se trouvaient dans son corps d'armée.

Avec des ennemis si audacieux, si actifs, avec les associations démocratiques qui étaient, suivant M. Thiers, « la discipline de l'anarchie, » la dynastie de 1830 était certaine de succomber si elle continuait à se tenir sur la défensive; aussi la bourgeoisie, pleine de terreur et de colère, demandait des mesures de rigueur et des lois de salut. Alors le ministère fit voter aux chambres une loi contre les sociétés démocratiques : c'était une loi de mort pour la république, qui, étant une minorité, n'avait de puissance et de valeur que par l'association. Les républicains en furent consternés et résolurent de lutter contre elle par la force des armes; et malgré les chefs, qui auraient voulu attendre l'agression du gouvernement, des insurrections éclatèrent sur plusieurs points et principalement à Lyon.

Les ouvriers lyonnais étaient encore enivrés de leur facile victoire de 1831; ils n'avaient ni armes, ni plan, ni chefs; leurs différentes sociétés étaient pleines de rivalité et de confusion; ils n'en croyaient pas moins qu'il leur suffirait de se montrer dans les rues pour chasser les 12,000 hommes de la garnison. Mais le gouvernement s'était préparé « à leur donner une leçon. » Au premier coup de fusil, le général Aymar fit pleuvoir sur la ville les boulets, les obus, les bombes; point d'engagement corps à corps; on tirait sur tout ce qui se montrait dans les rues, on faisait sauter les maisons, on n'avançait que pas à pas. Malgré le petit nombre des insurgés, la bataille dura quatre jours, et la victoire de l'ordre fut souillée de plusieurs cruautés : tous les habitants d'une maison, dans le faubourg de Vaise, furent massacrés.

A la nouvelle des événements de Lyon les républicains de Paris s'agitèrent; mais ils avaient annoncé leur prise d'armes avec une confiance si orgueilleuse qu'au premier mouvement les chefs furent arrêtés, et que l'insurrection dégénéra en une émeute de quelques rues et de quelques hommes. Le gouvernement ava... ...nis sur pied 40,000 hommes, outre la garde nationale. La victoire fut, comme à Lyon, ensanglantée par un horrible événement : le lendemain de l'insurrection, quand les barricades avaient été enlevées et que les troupes étaient maîtresses de toutes les rues, un coup de fusil partit d'une maison de la rue Transnonain; les soldats se précipitèrent dans cette maison qu'on leur ouvrit comme à des libérateurs, et ils massacrèrent tout ce qu'ils rencontrèrent, hommes, femmes, enfants!

Perpignan, Arbois, Lunéville eurent aussi leurs insurrections; mais ce ne furent que des échauffourées sans résultat.

Une ordonnance royale transforma la Chambre des pairs en cour de justice pour juger les insurgés d'avril. La pairie avait été blessée à mort par l'abolition de l'hérédité : chambre nommée par le roi, sans influence comme sans crédit, composée en grande partie d'hommes qui avaient salué ou servi tous les régimes, ce n'était plus qu'une institution bâtarde et un rouage usé de la constitution. Le gouvernement acheva de la tuer en lui donnant, par cette ordonnance qui était une violation de la Charte, à juger ses ennemis. L'instruction du procès d'avril dura un an, et l'affaire, commencée le 5 mai 1835, ne fut terminée que le 18 janvier 1836. Il y avait cent vingt-trois accusés. Ils voulurent faire de ce procès une tribune pour l'exposition de leurs doctrines politiques, et ils choisirent pour défenseurs les plus célèbres démocrates. Mais le ministère refusa de descendre dans le champ clos, et il leur nomma des avocats d'office. Ces avocats refusèrent, et ils furent approuvés par le conseil de l'ordre et par la plupart des barreaux de France. Au jour de l'audience, les accusés voulurent rendre le jugement impossible par leurs clameurs, et, protestant contre les empêchements mis à la défense, ils refusèrent de se rendre aux débats. La cour décida qu'ils seraient partagés par catégories, amenés séparément à l'audience et jugés les uns après les autres. C'était une nouvelle violation des formes judiciaires, mais ce procès étrange ressemblait à un duel où de part et d'autre on ne s'inspirait plus que de haine et de violence. Les diverses catégories d'insurgés furent donc amenées de force à l'audience, et bien que l'accusation les eût enveloppées dans un même complot, elles furent jugées séparément. Sur les cent vingt-trois accusés, trente-sept furent condamnés à la déportation, les autres à la détention. La plupart des accusés de Paris s'évadèrent, avant le jugement, de leur prison.

Après cette grande et déplorable tentative, la république cessa d'exister comme parti actif, armé, belligérant, mais elle resta à l'état de théorie et de doctrine, à l'état d'opposition légale et pacifique contre le gouvernement; de politique elle devint *sociale*, c'est-à-dire qu'à la place des questions de constitution qui jusqu'alors l'avaient occupée, elle mit en avant les questions de crédit, de transformation des impôts, d'amélioration morale et matérielle des classes pauvres; et à la suite de ces questions arrivèrent les utopies fouriéristes, les folies communistes, tous les rêves de la démagogie.

Pendant les débats du procès d'avril, un grand crime acheva la défaite du parti démocratique, et donna au gouvernement une nouvelle force ainsi qu'à la dynastie une grande popularité. Le 28 juillet 1835, l'anniversaire de la révolution fut célébré par une revue de la garde nationale; au moment où le roi passait sur le boulevard du Temple, une détonation terrible se fit entendre, et autour de lui tombèrent morts le maréchal Mortier, le général Lachasse, deux colonels, un capitaine, quatre gardes nationaux, un vieillard, une femme, une jeune fille. Une machine infernale, composée de vingt-cinq canons de fusil, avait été dressée dans une maison du boulevard, et l'homme qui y avait mis le feu fut sur-le-champ arrêté. C'était un aventurier nommé Fieschi, qui avait pour complices

deux républicains nommés Pepin et Morey. L'indignation fut universelle; le roi et ses fils
en retournant aux Tuileries furent accueillis par des transports d'enthousiasme; la majorité
de la nation demanda à grands cris la répression des mauvaises passions qui pouvaient
enfanter de tels forfaits. Sous l'impression de ce soulèvement légitime de la conscience publique, les ministres firent ce que la Restauration avait fait à la mort du duc de Berry, ils
rendirent toute la presse responsable et pour ainsi dire complice du crime d'un obscur
scélérat; et alors furent votées les fameuses lois de septembre qui devaient, en égarant la
dynastie d'Orléans sur sa force et sa stabilité, la conduire à sa perte. Par ces lois, les dé-
cisions du jury purent être rendues à sept voix, c'est-à-dire à la majorité simple; les for-
malités des jugements criminels furent abrégées, le cautionnement des journaux fut porté
de 48,000 francs à 100,000, les offenses à la personne du roi et les attaques contre le principe du gouvernement furent punies d'une amende de 10,000 à 50,000 francs; il fut défendu
de se dire républicain, de publier les noms des jurés, d'ouvrir des souscriptions en faveur
des journaux condamnés, etc.

Les lois de septembre qui furent appliquées sans ménagement, quelquefois même avec
une brutale rigueur, marquent l'époque où la monarchie de juillet, définitivement victorieuse de tous ses ennemis, se développe dans toute sa liberté : la démocratie républicaine
est en dehors de toutes les questions; l'opposition dynastique est elle-même sans crédit
comme sans vigueur; la lutte n'est plus qu'entre les vainqueurs, entre les hommes de
modération et de conservation, et malheureusement, au lieu d'enfanter le progrès, elle ne
produit que l'immobilité, au lieu d'être une lutte pleine de grandeur où se discutent les
vrais intérêts du pays, elle n'est le plus souvent qu'une lutte stérile et honteuse de coteries
et de portefeuilles. Pendant douze ans toute la politique intérieure est réduite à l'antago-
nisme entre la royauté qui veut gouverner et la souveraineté parlementaire, et c'est là
seul ce qui engendre les changements ministériels.

Le ministère du 11 octobre avait la prétention de continuer Casimir Périer, c'est-à-dire
qu'il voulait gouverner en laissant seulement au roi les honneurs du trône; MM. Thiers et
Guizot, qui dirigeaient ce cabinet, en avaient même fait sortir le maréchal Soult, qu'ils ju-
geaient trop favorable à ce qu'on appelait le *gouvernement personnel*. Le roi essaya de
secouer le joug, et prit un ministère (novembre 1834) composé d'hommes peu connus et
dévoués avec lesquels il espérait imposer aux chambres ses idées politiques; mais ce ministère ne put tenir que trois jours; celui du 11 octobre se reconstitua sous la présidence du
duc de Broglie et dura jusqu'au 22 février 1836. Alors un nouveau cabinet fut formé dont
M. Thiers eut la présidence, et avec lequel l'action personnelle du roi sur les affaires de
l'État devint plus marquée.

Louis-Philippe avait érigé en système politique le maintien de la paix; ses flatteurs le
préconisaient comme le commencement d'une ère nouvelle; les journaux britanniques avaient
même décoré son auteur du nom fort étrange de Napoléon de la paix. Mais la paix, ce bien
si précieux, avait été jusque-là maintenue, dans l'intérêt du pays, et avec une certaine
dignité par l'expédition d'Anvers et le coup de main d'Ancône; elle n'allait plus l'être que
dans un intérêt dynastique mal entendu, par des concessions, des ménagements, de petites intrigues, une faiblesse qui ressemblait à de la couardise. Ainsi, et ceci se passait
sous le ministère du 11 octobre, les États-Unis réclamèrent, dans des termes outrageants,
une dette de vingt-cinq millions pour les dommages qu'avait éprouvés leur commerce pendant les guerres de Napoléon avec l'Angleterre. Cette réclamation n'avait pas été admise
par la Restauration, elle le fut sans obstacle par le gouvernement de 1830; mais le traité
ne passa à la Chambre des députés (18 avril 1835) qu'après une discussion orageuse où fut

révélée la participation inconstitutionnelle que le roi y avait prise, et avec un amendement qui exigeait une réparation du gouvernement de l'Union.

Sous le ministère du 22 février cette condescendance du gouvernement français envers les étrangers et surtout envers les puissances du Nord amena des résultats encore plus fâcheux. Ainsi, sous prétexte que Cracovie avait donné asile à des réfugiés polonais, cette ville, dont l'indépendance et la neutralité avaient été solennellement garanties par le traité de Vienne, fut occupée par les troupes autrichiennes. L'Angleterre protesta; la France ne dit mot. De même la Suisse donnait asile à des étrangers qui correspondaient avec les conspirateurs de France et d'Italie : à l'instigation de l'Autriche, des notes menaçantes furent envoyées par le ministère français au gouvernement fédéral. Enfin la régente Christine avait donné aux Espagnols un *statut royal*, imitation décolorée de notre Charte, qui faisait de l'Espagne un état constitutionnel; et, à la suite de cette concession, un traité de *quadruple alliance* avait été conclu entre ce pays, la France, l'Angleterre et le Portugal. Mais le prétendant Carlos, qui s'était réfugié à Londres, en partit secrètement, traversa la France et fit révolter les provinces basques, pays qui jouissait d'antiques libertés, lesquelles avaient été absorbées dans la liberté générale par le statut de Christine. Alors commença une guerre civile qui faillit renverser le trône d'Isabelle et épuisa l'Espagne pendant cinq ans. Carlos étant aidé secrètement par les puissances absolues et par les légitimistes de France, Christine demanda des secours à Louis-Philippe; mais celui-ci, craignant de compromettre la paix générale, les refusa, même quand la demande de la régente se trouva appuyée par le gouvernement britannique. L'insurrection basque prit dès lors les proportions les plus menaçantes : l'armée de Carlos, forte de 40,000 hommes, devint maîtresse de tout le pays jusqu'à l'Èbre; ses bandes faisaient trembler toute l'Espagne; l'une d'elles, forte de 5,000 hommes, fit impunément la course la plus audacieuse, la plus insultante à travers dix provinces. Enfin le pays, irrité de la faiblesse du gouvernement, se souleva et proclama la Constitution de 1812; la régente fut forcée de l'accepter. Le trône d'Isabelle se trouva ainsi menacé de deux côtés. Christine sollicita de nouveau l'intervention française : M. Thiers était d'avis de lui envoyer des secours, non pas directement, mais en portant à 12,000 hommes une légion étrangère qu'on avait mise à sa disposition. Le roi refusa même à son alliée ce secours indirect. Alors le ministère donna sa démission, et un nouveau ministère fut formé (6 septembre 1836), sous la présidence de M. Molé, et dans lequel entrèrent MM. Guizot, Duchatel, Persil, etc. Le gouvernement personnel continua à gagner du terrain, mais il allait subir un grand échec.

Un neveu de Napoléon, fils de Louis, roi de Hollande, voyant l'impopularité croissante du gouvernement de Louis-Philippe, conspira de le renverser. Il arriva à Strasbourg (27 octobre 1836), fit déclarer en sa faveur un régiment d'artillerie, et s'empara du télégraphe et de la préfecture; mais un régiment d'infanterie refusa de suivre le mouvement; le prince fut arrêté. Cet événement causa une grande surprise, mais ne fit qu'une faible sensation; la portée n'en fut pas alors comprise. Les hommes de la majorité traitèrent cette tentative d'échauffourée et de folie; mais les événements postérieurs ont démontré que ce coup d'audace était beaucoup plus redoutable et plus sensé que les conspirateurs eux-mêmes ne l'avaient cru. Si Louis Bonaparte se fût emparé de l'Alsace, pays tout patriote et militaire, les paysans de la Lorraine et de la Champagne lui eussent ouvert la route de Paris. La mémoire de Napoléon était restée comme une religion dans les campagnes; l'armée était encore pleine des souvenirs de l'Empire; enfin le gouvernement de 1830, qui paraissait si solide, si puissant, n'inspirait réellement à personne ni zèle, ni dévouement; il n'était soutenu que par l'égoïsme universel, la haine des révolutions, l'amour du repos; il continuait d'être parce qu'il était.

Le roi fut vivement affecté de ce prétendant qui se révélait tout à coup; il craignit de lui donner de l'importance ou de souiller le nom de Napoléon en le mettant en jugement, et il le fit partir pour l'Amérique. Quant aux complices de Louis Bonaparte, ils furent traduits devant la cour d'assises de Colmar, et, après un procès qui agita toute l'Alsace, acquittés. Ce fut un nouveau scandale, mais il n'éclaira pas le gouvernement, qui ne montra dans cette circonstance qu'une colère inconvenante : en effet, le ministère proposa à la Chambre des députés une loi qui permettait d'envoyer devant des tribunaux différents des militaires et des civils accusés d'un même crime. C'était la violation non-seulement des formes judiciaires, mais de la plus vulgaire équité. La loi fut rejetée (7 mars 1837).

Cette défaite ne fit pas tomber le ministère; et au milieu de l'agitation produite par ces événements, au milieu de la misère causée par une crise commerciale, il vint demander aux chambres un million de dot pour la fille aînée du roi, mariée à Léopold, roi des Belges, le doublement de la dotation du duc d'Orléans qui allait se marier, enfin un apanage pour le duc de Nemours formé du domaine de Rambouillet et de plusieurs forêts. Un murmure presque universel accueillit ces malencontreuses demandes, l'une des plus grandes fautes de Louis-Philippe. Les classes moyennes, non plus que les classes populaires, n'étaient pas réellement monarchiques; tous leurs instincts étaient positivement démocratiques; et la royauté constitutionnelle qu'elles soutenaient avec tant de vigueur n'était pour elles qu'un gage de plus d'ordre et de stabilité, une sorte de présidence héréditaire. Aussi une monarchie de dotation et d'apanages leur semblait-elle un contre-sens; et les clameurs qu'elles élevèrent, surtout contre les demandes faites pour le duc de Nemours, amenèrent la chute du ministère.

La division était d'ailleurs dans le cabinet du 6 septembre. M. Molé et M. Guizot s'en disputaient la direction, et ils étaient attaqués tous deux par un tiers-parti que conduisait M. Thiers. M. Molé l'emporta, et alors fut formé le ministère du 15 avril (1837) sous lequel le gouvernement personnel de Louis-Philippe fut en plein triomphe. Son premier acte fut de retirer la loi d'apanage pour le duc de Nemours; les chambres accordèrent le million de dot de la reine des Belges et le million de dotation du duc d'Orléans. Son deuxième acte fut le mariage du duc d'Orléans avec une princesse de Mecklembourg; la dynastie parut affermie surtout quand ce mariage donna naissance à un prince qui fut appelé le comte de Paris. Son troisième acte fut l'amnistie du 8 mai, appel généreux fait par le roi à la conciliation des partis.

Deux faits d'armes glorieux marquèrent encore le ministère Molé : ce furent la prise de Saint-Jean-d'Ulloa et la conquête de Constantine.

Le Mexique, république à demi sauvage, avait insulté la France dans ses négociants et refusé toute réparation : on envoya contre lui une escadre commandée par l'amiral Baudin et dans laquelle se trouvait un fils du roi, le prince de Joinville. En quelques heures la principale forteresse du Mexique fut ruinée et les Mexicains forcés de subir les conditions de la France.

Depuis notre conquête d'Alger, les expéditions et les gouverneurs se succédaient en Afrique; on jetait sur cette terre des hommes et des trésors sans gagner un pouce de terrain; nos plans de guerre et d'administration étaient si confus, si contradictoires, si mauvais, que le gouvernement était accusé de vouloir lasser la France de cette onéreuse conquête pour l'abandonner. En 1831 nous n'étions maîtres encore que d'Alger, de Bône et d'Oran. Deux ans auparavant Abd-el-Kader avait apparu comme vengeur des fidèles, prophète et sultan, comme représentant de la nationalité arabe; il profita de nos indécisions pour occuper les provinces de Tlemcen et de Titteri; il fit même éprouver un échec notable à nos troupes sur les bords de la Macta (26 juin 1835). Alors le maréchal Clauzel fut nommé gouverneur de l'Algérie : il reprit Mascara, occupa Tlemcen et établit un camp retranché à l'embouchure de la Tafna. À son départ, ce camp fut enveloppé par les Arabes : le général Bugeaud partit de France avec 4,000 hommes, délivra les Français, ravitailla Tlemcen et battit les Arabes sur la Sikkah. Alors Clauzel songea à établir notre domination dans la province de Constantine, où commandait encore un bey turc : il partit de Bône avec 7,000 hommes seulement, et arriva devant Constantine après neuf jours de la marche la plus pénible, avec une armée épuisée par le manque de vivres et le mauvais temps : deux coups de main furent vainement tentés contre la ville; on se mit en retraite à travers des nuées d'Arabes, et l'on arriva à Bône après avoir perdu 600 hommes dans cette marche douloureuse. Cet échec fit une vive sensation en France, et l'on se prépara à le venger. Le général Bugeaud, qui commandait à Oran, conclut avec Abd-el-Kader un traité désavantageux, par lequel on créa un empire à ce chef arabe dans l'espoir de s'en faire un allié, et l'on ne se réserva que la côte et le territoire d'Alger. La paix étant assurée de ce côté, une armée de 14,000 hommes, commandée par le général Damrémont, marcha sur Constantine et fit le siége de cette ville; pendant les opérations, Damrémont fut tué d'un boulet de canon; le général Valée lui succéda. La place fut prise d'assaut (14 octobre 1837).

Pendant ce temps la France jouissait d'un grand calme et d'une prospérité toujours croissante; mais si l'émeute n'était plus dans la rue, elle était dans les hautes classes électorales, dans les chambres. La grande mission du parti conservateur semblait être de raffermir le principe d'autorité que tant de révolutions avaient ébranlé, mais par ses luttes intestines il ne contribua qu'à le détruire. Ses diverses fractions, ou pour mieux dire ses diverses coteries, avaient au fond la même pensée politique; elles ne s'en faisaient pas moins une guerre aussi puérile qu'acharnée; et pendant les crises ministérielles qu'elles amenaient tous les six mois, l'administration ne marchait pas, les ministres étaient occupés non à gouverner, mais à garder leur position; enfin le peuple s'habituait à prendre en raillerie et en dédain tous les acteurs de ces tristes comédies, même le plus éminent d'entre eux, qui mettait à ce déplorable jeu des ministères une habileté égoïste et une sorte de maligne complaisance.

Cependant le cabinet du 15 avril semblait avoir de longues conditions de durée : ce n'était pas le compte des doctrinaires et du centre gauche, ces partis qui croyaient avoir dans leur sein les hommes d'État, les orateurs les plus éminents de la France, et qui se voyaient exclus pour longtemps du pouvoir. L'orgueil blessé réunit bientôt M. Guizot à M. Thiers; et alors se noua dans les chambres l'intrigue, dite *coalition*, qui n'était réellement inspirée que par des ambitions personnelles, mais qu'on décorait de la nécessité de faire rentrer la France dans la vérité du système représentatif, où *le roi règne et ne gouverne pas*. C'était tout simplement des barricades parlementaires faites contre la royauté, contre une royauté qui gouvernait trop peut-être, mais qui ne manquait ni de savoir ni d'intelligence, par des hommes qui se disaient exclusivement les conservateurs de l'ordre et les défenseurs du principe d'autorité.

La coalition ne se démasqua complétement qu'après une année de lutte et à l'ouverture de la session de 1839. L'adresse au roi, rédigée par les hommes du centre gauche, était agressive et menaçante; elle obtint néanmoins 203 voix. Le ministère en appela au pays légal en prononçant la dissolution de la chambre. Alors la lutte la plus active, la plus acharnée s'engagea dans les élections; les hommes de la coalition firent alliance avec l'opposition dynastique, avec les légitimistes, avec les républicains, pour renverser un ministère faible sans doute et trop humblement dévoué à la volonté royale, mais qui en définitive, avec l'amnistie, Saint-Jean-d'Ulloa et Constantine, était moins stérile, moins inqui...eux que ceux qu'ils avaient dirigés, que ceux qu'ils devaient diriger encore. Ce fut un triste spectacle, l'un des plus tristes, des plus dissolvants que présente l'histoire de notre révolution.

La coalition fut victorieuse. Le ministère Molé donna sa démission (8 mars 1839). Alors et pendant plus de deux mois il fut impossible aux vainqueurs de s'entendre pour former un cabinet; six combinaisons échouèrent successivement devant les intrigues les plus compliquées, les plus misérables; le pays commença à s'alarmer et à désespérer du gouvernement représentatif; tous les partis s'agitèrent; les rois absolus crurent que la dynastie de juillet allait disparaître d'elle-même et par sa propre impuissance. Enfin quelques hommes du parti républicain vinrent, selon leur coutume, tirer d'embarras la monarchie constitutionnelle et la raffermir pour dix ans par le coup de main le plus insensé.

Le dimanche 12 mai, par le calme le plus complet, le cri : Aux armes! retentit dans le quartier Saint-Martin, et une poignée d'hommes que dirigeaient des conspirateurs émérites, Barbès, Blanqui, Martin Bernard, se précipita sur divers postes et les désarma. Ils croyaient soulever la population, mais tout le monde s'étonna, s'indigna de cette prise d'armes qui ressemblait à un guet-apens; les barricades à peine formées furent enlevées sans obstacle, et l'émeute finit en laissant quelques morts et de nombreux prisonniers.

Sous la pression de cet événement un ministère fut formé (13 mai), ayant pour président le maréchal Soult, où n'entrèrent ni M. Guizot, ni M. Thiers, désormais inconciliables, mais dont leurs amis Duchatel, Dufaure, etc., firent partie.

Les insurgés de mai furent traduits devant la cour des pairs, qui condamna à mort Barbès et Blanqui et à la détention leurs complices. Le roi commua la peine des deux condamnés à mort.

Le calme rentra dans les esprits, et toute l'attention de la France se porta sur les affaires d'Orient, qui prenaient une gravité menaçante.

Depuis la convention de Kutayeh, Méhémet négociait auprès des puissances européennes pour obtenir la possession indépendante et héréditaire de l'Égypte et de la Syrie; mais, n'étant soutenu que par la France et ayant pour ennemie l'Angleterre qui craignait de voir s'affermir en Égypte l'influence française, il n'avait pas réussi. De son côté, Mahmoud, avec une ardeur fiévreuse et qui touchait à la folie, voulait refaire son empire ébranlé et se venger de son vassal. Tout à coup celui-ci ordonna à son armée de passer l'Euphrate et d'attaquer les Égyptiens. Ibrahim en appela à la médiation de l'Angleterre et de la France, et, forcé de combattre, il défit complètement les Turcs à la bataille de Nezib (24 juin 1839). Au moment où il allait poursuivre sa victoire, un envoyé de la France l'invita à s'arrêter.

Six jours après la bataille de Nezib, le sultan mourut et eut pour successeur un enfant de dix-sept ans. La ruine ou la transformation de l'empire ottoman paraissait inévitable; une partie des Turcs commençaient à regarder le pacha d'Égypte comme l'homme fatalement destiné à régénérer la puissance des Osmanlis; la flotte turque elle-même se rendit à Alexandrie et se donna à Méhémet. Enfin les ministres du nouveau sultan demandèrent la paix et proposèrent de céder au pacha la possession héréditaire de l'Égypte et de la Syrie.

Les cinq grandes puissances engagèrent la Porte à ne rien conclure; mais la division commença à se manifester entre elles sur les moyens à employer pour conserver l'intégrité de l'empire ottoman. La politique de la France était de maintenir cet empire, mais en faisant une grande et stable position à Méhémet; ce n'était pas la politique de l'Angleterre, qui voulait l'abaissement et le dépouillement de ce vassal, et elle était appuyée par les trois autres puissances.

Au milieu des discussions très-animées qui s'élevèrent dans les chambres sur ce grave sujet, le ministère s'avisa de renouveler la demande d'une dotation pour le duc de Nemours; la Chambre des députés la rejeta dédaigneusement et sans discussion. Le cabinet du 13 mai donna sa démission. Celui qui lui succéda fut un ministère de centre gauche et que présida M. Thiers (1er mars 1840); bien qu'il n'apportât pas la moindre réforme, bien que sa politique ne différât en rien de la politique du ministère précédent, il fut soutenu par l'opposition.

Sous ce ministère, la question d'Orient, déjà si mal engagée par le cabinet Molé, fut dirigée par M. Thiers avec une grande légèreté et surtout une connaissance très-superficielle de nos droits et de nos intérêts dans le Levant. Aux yeux du gouvernement français, le plus grand ennemi qu'eût la Porte ottomane était la Russie : ne pouvant donner à la Turquie contre cet ennemi la force qu'elle n'avait plus, il fallait lui constituer une arrière-garde puissante dans le pacha d'Égypte; et l'existence simultanée du sultan et du pacha était ce que notre diplomatie appelait le maintien de l'empire ottoman. C'était là une politique très-confuse et très-compliquée, car l'arrière-garde et le corps de bataille étaient ennemis, et quel que fût l'arrangement qu'on fît entre eux, ils devaient rester ennemis. De plus, cette politique pouvait paraître double, car tout le monde croyait que nous ne voulions grandir le pacha que pour augmenter l'influence que nous avions dans ses États. Enfin notre diplomatie se trompait et sur la force de l'établissement égyptien et sur l'intérêt réel que nous avions dans cet établissement. La politique de l'Angleterre était plus simple et plus nette : elle voulait substituer au protectorat exclusif de la Russie sur l'empire ottoman le protectorat de toute l'Europe, et pour donner de la force à cet empire lui rendre les provinces que lui avait enlevées un pacha rebelle; elle voulait d'ailleurs détruire l'influence que la France avait prise en Égypte, ce pays jadis conquis par elle et qui était la route la plus courte vers les Indes. Quant aux trois autres puissances, elles ne voyaient dans la question qui se débattait que l'alliance anglo-française à rompre, et pour cela la Russie sacrifiait momentanément ses projets ambitieux sur l'empire ottoman.

Les quatre puissances, après avoir sollicité la France d'abandonner sa politique isolée, ne craignirent pas de résoudre la question seules et en dehors d'elle, contentes d'ailleurs de lui faire un affront et de lui rappeler les jours de 1815. En conséquence, à l'insu de notre diplomatie, sans lui faire ni offre ni avertissement, elles signèrent avec la Porte un traité (15 juillet) par lequel le sultan accordait à Méhémet la possession héréditaire de l'Égypte et la possession viagère du pachalik de Saint-Jean-d'Acre, à condition que, dans les dix jours de la notification, il accepterait cet arrangement et retirerait immédiatement ses troupes de l'Arabie, de la Syrie, de Candie, etc.; s'il mettait vingt jours à accepter l'arrangement, il perdrait le pachalik de Saint-Jean-d'Acre; enfin s'il le refusait entièrement, il serait mis en état de déchéance et poursuivi à outrance par les forces combinées des quatre puissances et de la Turquie.

La France entière fut stupéfaite et profondément blessée de ce traité injurieux, par lequel l'Angleterre rompait avec une précipitation si légère une alliance qui était le gage de la paix du monde : nous étions donc tombés bien bas, que les destinées de l'Orient, de ces contrées où depuis les croisades nous avons exercé un protectorat aussi glorieux que vénéré, pussent être réglées sans   et que   s! M. Thiers prit feu : parodiant 92 et l'Empire avec une présomption toute juvénile, un flux de paroles et de mesures que l'on qualifia de fanfaronnes, il ordonna sur terre et sur mer des armements formidables, jetant à pleines mains les millions, s'efforçant de réveiller toutes les passions belliqueuses de la France, rêvant follement quelque imitation bâtarde de Napoléon. Les autres puissances suivirent cet exemple, et la France se vit menacée d'une guerre de coalition pour une question aussi mal posée, aussi secondaire que celle de la délimitation des États du sultan et de son vassal.

Au milieu de l'agitation produite par ces apprêts de guerre, Louis Bonaparte, qui d'Amérique était revenu à Londres, résolut de renouveler sa tentative de Strasbourg; il débarqua près de Boulogne avec quelques amis, entra dans cette ville, qu'il essaya vainement de soulever, et fut arrêté avec ses complices. L'affaire de Strasbourg était une tentative audacieuse; l'affaire de Boulogne était un coup de tête aussi insensé que criminel, dans les circonstances périlleuses où se trouvait la France. Le prince fut traduit devant la Cour des pairs, condamné à une prison perpétuelle, et enfermé au château de Ham.

Cependant l'Angleterre ne s'était pas alarmée de nos armements : elle connaissait la faiblesse de nos hommes d'État, et d'ailleurs elle était gouvernée par un ministre altier, impétueux, ennemi aveugle de la France. Elle somma Méhémet d'évacuer la Syrie, et, sur son refus, Beyrouth fut attaquée par la flotte anglaise unie à quelques bâtiments autrichiens et turcs. Le lendemain de cette attaque (13 septembre), une ordonnance royale prescrivit de fortifier Paris; fortifier Paris pour tirer d'affaire le pacha d'Égypte, c'était une étrange réponse au canon de Beyrouth! L'Angleterre continua à bombarder et à prendre toutes les villes de la Syrie en présence de la magnifique flotte que nous avions dans ces mers et qui demandait à grands cris la bataille. De son côté le ministère français continua à jeter les millions pour augmenter l'armée, fondre des canons, fabriquer des fusils, acheter des chevaux. Cependant la Porte ayant proclamé la déchéance de Méhémet, M. Thiers envoya au cabinet britannique une note menaçante dans laquelle il déclarait que la France ne consentirait pas à la déchéance du pacha et posait un cas de guerre. Mais en même temps craignant que les canons de notre flotte, comme le disait l'amiral Lalande, « ne partissent tout seuls, » il lui ordonna de rentrer à Toulon.

A la fin le roi se lassa des velléités belliqueuses de son ministre, et, sachant que la France n'était nullement disposée à engager une guerre générale pour les intérêts du pacha d'Égypte, il demanda à M. Thiers sa démission. Alors fut formé, sous la présidence du maréchal Soult, un cabinet dont M. Guizot, ministre des affaires étrangères, eut la direction, où entrèrent MM. Duchatel, Villemain, Martin (du Nord), etc. (29 octobre 1840), et qui devait durer près de huit ans. C'est le plus long et le dernier qu'ait eu la monarchie constitutionnelle; c'est celui qui, complétement d'accord avec le roi et les chambres, a conduit la France par un système obstiné d'immobilité, d'aveuglement, de prodigalités, de corruption à une révolution nouvelle. Les événements de ces huit années, peu importants et peu nombreux, étant trop récents pour qu'il soit possible de les apprécier, même dans un court résumé, nous nous contenterons de les exposer sommairement dans l'ordre des dates.

1840, 3 novembre. — Après un bombardement de quelques heures par la flotte anglaise, Saint-Jean-d'Acre est forcé de se rendre. Cette place, où Méhémet avait entassé d'immenses ressources en tous genres, qui devait tenir plusieurs mois, est à demi détruite dès le commencement de l'action par l'explosion de l'arsenal, qui anéantit la moitié de la garnison. C'est la ruine des espérances de Méhémet.

5 novembre. — Ouverture des chambres. Dans la discussion des affaires d'Orient,

M. Guizot prononce ces paroles : « La grande politique, l'intérêt supérieur de l'Europe et de toutes les puissances en l'Europe, *c'est le maintien de la paix, partout, toujours !...* » Les deux chambres adhèrent à la politique du nouveau ministère résumée en ces mots : *la paix armée.*

27 novembre. — Méhémet se soumet aux conditions du traité du 15 juillet : il évacue la Syrie, l'Arabie, Candie, et rend la flotte ottomane. Mais la Porte refuse de lever sa déchéance ; et ce n'est que le 2 juin 1811 qu'un firman, rendu sur l'injonction des quatre puissances, lui accorde le pachalik héréditaire de l'Égypte.

15 décembre. — Le ministère Thiers avait obtenu l'autorisation du gouvernement anglais de transporter en France les restes mortels de Napoléon, et le prince de Joinville avait eu la mission de les aller chercher à Sainte-Hélène. Ces restes précieux sont transportés en grande pompe à l'église des Invalides.

1811, 8 mai. — L'insurrection des provinces basques s'était terminée en 1839 par la convention de Bergara, qui avait amené la soumission de l'armée carliste au gouvernement d'Isabelle ; mais à peine le trône constitutionnel d'Espagne était-il délivré de ce danger, qu'une insurrection démocratique avait éclaté contre la régence de Christine. Elle est forcée d'abdiquer et de se réfugier en France. Le général Espartero est nommé régent par les Cortès.

Juin. — Le traité de la Tafna avait été rompu, et Abd-el-Kader avait soulevé toutes les populations arabes contre nous. Le général Bugeaud, nommé gouverneur général de l'Algérie, commence contre l'émir une guerre incessante, acharnée, qui doit établir définitivement notre domination en Afrique. Le premier acte de cette guerre est la prise de Tegedempt, de Thaza, de Mascara et autres possessions d'Abd-el-Kader.

13 juillet. — Traité des détroits entre les puissances signataires du traité du 15 juillet 1810 et la France, qui rentre ainsi dans le *concert européen.* Une convention est conclue à Londres qui garantit la fermeture des détroits des Dardanelles et du Bosphore aux bâtiments de guerre de toutes les nations.

Août. — Troubles dans plusieurs villes, à Bordeaux, à Lille, à Clermont, à cause du recensement des propriétés. Ces troubles deviennent graves à Toulouse : des barricades sont élevées, le préfet est obligé de s'enfuir. Des troupes sont dirigées sur cette ville et y rétablissent l'ordre.

20 décembre. — En 1831 et en 1833 des traités pour la répression de la traite des noirs avaient été conclus entre l'Angleterre et la France : ces traités stipulaient un droit naturel de visite sur tous les bâtiments naviguant dans certaines mers, et ils avaient été l'occasion pour la marine anglaise de vexer ou d'inquiéter notre commerce. Les stipulations de ces traités sont aggravées dans une convention signée à Londres entre les cinq grandes puissances, laquelle excite en France une grande rumeur. La Chambre des députés refuse de la reconnaître et invite le ministère à faire reviser les traités de 1831 et de 1833.

23 décembre. — Le 17e léger, que commandait le duc d'Aumale, était revenu d'Afrique le 13 septembre pour tenir garnison à Paris. Dans le faubourg Saint-Antoine, un coup de pistolet avait été tiré sans l'atteindre sur le jeune prince. L'assassin se nommait Quénisset : il est traduit avec onze individus, réputés ses complices, devant la Cour des pairs, et condamné à mort. Les autres prévenus sont condamnés à la détention : parmi eux se trouve odieusement compris comme coupable de *complicité morale* le rédacteur du *Journal du Peuple,* Dupoty. Le lendemain seize journaux d'opinions diverses protestent contre l'arrêt de la Cour des pairs sur la complicité morale.

1812, juin. — Loi relative à l'établissement du réseau des grandes lignes de chemins de fer en combinant l'action du gouvernement et celle des compagnies financières.

12 juin. — Dissolution de la Chambre des députés. Cette chambre, née de la coalition, était devenue entièrement conservatrice, et ne marque son passage par aucune loi de progrès. Le ministère la dissout pour s'assurer une plus grande majorité : en effet les élections lui sont favorables.

13 juillet. — Le duc d'Orléans, sur la route de Paris à Neuilly, fait une chute de voiture et meurt dans les bras du roi.

26 juillet. — Les chambres sont convoquées extraordinairement et font une loi par laquelle, en cas de mort du roi, la régence est donnée au duc de Nemours pendant la minorité du comte de Paris.

- 1843, 16 mai. — La guerre continue contre Abd-el-Kader : le fait d'armes le plus saillant de la campagne est la prise de la smalah de l'émir par le duc d'Aumale.

Novembre. — Les nécessités de notre commerce obligent la France à prendre le protectorat des îles de la Société dans l'Océanie. La reine de ces îles, Pomaré, excitée par les missionnaires anglais, veut secouer la domination française; l'amiral Dupetit-Thouars change le protectorat en occupation. Le gouvernement désavoue cet amiral. Ce désaveu, qu'on croit une concession faite à l'Angleterre, excite une vive discussion dans les chambres.

1844, juin. — Loi qui ordonne la construction par l'État de cinq cents lieues de chemins de fer à la charge d'en donner l'exploitation à des compagnies. C'est le signal des jeux de bourse et de l'agiotage les plus scandaleux.

10 septembre. — Abd-el-Kader, chassé de l'Algérie, se réfugie dans le Maroc et excite l'empereur de ce pays à nous faire la guerre. Le général Bugeaud, après avoir repoussé les agressions des Marocains, entre sur leur territoire et les défait complétement à la bataille d'Isly (14 août). Pendant ce temps une escadre, commandée par le prince de Joinville, bombarde Tanger et Mogador. L'empereur du Maroc demande la paix : elle lui est accordée, et la France n'exige de lui que de chasser Abd-el-Kader et de fixer les limites du Maroc et de l'Algérie. Ce traité désavantageux, et qu'on croit imposé par l'Angleterre, excite une vive opposition contre le ministère.

Octobre. — Un missionnaire, nommé Pritchard, qui avait géré le consulat de Taïti, excite les indigènes à nous faire la guerre; le gouverneur le fait arrêter et embarquer. A cette nouvelle, vive rumeur en Angleterre; le premier ministre ne craint pas de dire en plein parlement « qu'une grande insulte accompagnée d'une grande indignité a été commise contre la puissance britannique. » Le ministère français désavoue l'arrestation de Pritchard; mais ce n'est pas assez pour l'Angleterre, qui demande comme réparation une indemnité pécuniaire pour ce personnage : l'indemnité est accordée.

1845, janvier. — Le droit de visite, le traité fait avec le Maroc, et surtout l'affaire de Taïti, excitent contre le ministère une vive opposition dans les chambres. Une grande partie des conservateurs se tourne contre lui, et il n'obtient pour l'indemnité Pritchard que trois voix de majorité.

Mars. — Troubles en Suisse. La ville de Lucerne ayant appelé chez elle les jésuites, des corps francs partent du canton de Berne et se dirigent contre cette ville. Ils sont battus.

Mai. — Depuis quatre ans l'épiscopat dirigeait de nombreuses attaques contre les lois du royaume, et une société fameuse s'efforçait de s'emparer de l'enseignement. Après une discussion solennelle à la Chambre des députés, le gouvernement est mis en demeure de faire exécuter les lois contre les jésuites.

29 mai. — Convention faite avec l'Angleterre pour cinq ans par laquelle les traités de 1831 et de 1833 relatifs au droit de visite sont abrogés, et les deux États conviennent

d'entretenir chacun vingt-six bâtiments sur les côtes d'Afrique pour empêcher la traite des noirs. — C'est une juste déférence de l'Angleterre aux légitimes susceptibilités de l'honneur français.

Octobre. — Une colonne de 400 Français est amenée dans un piége par Abd-el-Kader et prise ou massacrée à Ghazaouat après une résistance héroïque. Cet échec fait soulever toutes les tribus contre la domination française : des renforts sont envoyés en Afrique et la guerre poussée à outrance.

1846, mars. — Insurrection à Cracovie, dans le duché de Posen et en Gallicie. La Pologne essaie de sortir de son tombeau : elle est écrasée. L'Autriche soulève les paysans contre les nobles dans la Gallicie et se délivre de l'insurrection par des atrocités. Cracovie est occupée par les troupes des trois puissances protectrices.

25 mai. — Évasion de Louis Bonaparte du château de Ham.

21 juin. — Élection du pape Pie IX (le cardinal Mastaï), successeur de Grégoire XVI.

4 juillet. — Fin de la session de 1846. Le ministère a constamment obtenu la majorité ; mais, voulant assurer sa victoire pour plusieurs années, et certain d'être maître des élections, il dissout la chambre.

1er août. — Élections. Le ministère obtient une plus forte majorité.

Le nouveau pape donne le signal de la régénération de l'Italie en proclamant une amnistie et en faisant des réformes administratives.

6 octobre. — Insurrection radicale à Genève : elle renverse le parti conservateur et donne dans la Diète helvétique la majorité aux cantons radicaux.

10 octobre. — Mariages de la reine d'Espagne avec son cousin don François d'Assise, et de sa sœur avec le duc de Montpensier. Les négociations de ces mariages, faites à l'insu et contre le gré de l'Angleterre, amènent des représentations très-vives de la part de cette puissance : l'alliance anglo-française s'en trouve profondément altérée.

18 novembre. — Cracovie est incorporée aux États autrichiens par les trois puissances spoliatrices de la Pologne. La France et l'Angleterre se contentent de protester contre cette nouvelle violation des traités de 1815.

1847, 11 janvier. — Ouverture de la session. Discussion très-vive sur Cracovie et les mariages espagnols.

Février. — Une mauvaise récolte amène la disette dans une grande partie de l'Europe. Des désordres graves éclatent en France à cause de la cherté des grains : dans le Berry ils amènent un meurtre et le pillage.

Après une lutte d'une année contre les indigènes qu'animaient les émissaires anglais, le protectorat de la France est reconnu dans les îles de la Société.

Mai. — Expédition du maréchal Bugeaud dans la Kabylie.

26 juin. — La presse révèle plusieurs faits de corruption de la part du ministère ; après une scandaleuse discussion, 225 voix se déclarent *satisfaites* des explications données par le gouvernement. Le nom de *satisfaits* reste aux députés ministériels.

7 juillet. — M. Teste, pair de France, président à la Cour de cassation, ancien ministre des travaux publics, est accusé d'avoir vendu, étant ministre, une concession de mines pour une somme de cent mille francs au général Cubières, pair de France, ancien ministre de la guerre, et à MM. Pellapra et Parmentier, lesquels comparaissent avec lui devant la Cour des pairs. Ce procès fait une profonde impression : il donne corps à tous les mécontentements populaires ; il justifie toutes les accusations portées contre le gouvernement qui, suivant M. Cubières, « est entre les mains d'hommes avides et corrompus ; » il fait au régime et aux hommes de 1830 une blessure mortelle.

10 juillet. — L'opposition n'ayant plus d'espoir de vaincre, de ramener ou d'éclairer la majorité systématiquement dévouée au ministère, se décide à faire appel à l'opinion publique et à agiter le pays par des réunions, des pétitions en faveur de la réforme électorale, des protestations « contre les lâchetés, les hontes, les corruptions, les souillures qui menacent de gangrener la France. » Le premier banquet *réformiste* a lieu dans un jardin voisin de Paris, appelé le Château-Rouge; il est suivi, pendant six mois, de soixante dix autres banquets qui ont lieu dans les départements.

17 juillet. — Arrêt de la Cour des pairs qui condamne Teste à trois ans de prison, à la dégradation civique et à une amende ou restitution de 200,000 francs; Cubières, Pellapra et Parmentier à la dégradation civique et à une amende de 10,000 francs.

20 juillet. — Les sept cantons suisses qui se sont soumis aux jésuites font une alliance séparée, dite Sonderbund; et, sous prétexte de conserver leur indépendance cantonale, refusent de reconnaître les décrets de la Diète fédérale. Celle-ci déclare incompatible avec le pacte de la fédération l'alliance des sept cantons et en prononce la dissolution. Le Sonderbund résiste et se trouve appuyé par les trois puissances du Nord et même par le gouvernement français, qui envoie à la Diète des notes menaçantes.

9 août. — Fin de la session. Le gouvernement a la majorité dans les chambres, mais, en dehors des chambres, l'opposition grandit sans cesse. Toute la presse parisienne, hors un seul journal, attaque le ministère. Les banquets continuent et deviennent de plus en plus révolutionnaires : ils ont pour but de « recommencer ce qu'on a manqué en 1830. »

19 août. — La duchesse de Choiseul-Praslin est assassinée par son mari, pair de France; celui-ci est traduit devant la Cour des pairs, et, avant le jugement, s'empoisonne. Cet horrible drame fait en France la plus pénible sensation; il donne un nouvel aliment à la haine des classes populaires contre les classes élevées, et n'est pas sans influence sur la révolution qui s'approche.

Septembre. — Agitation révolutionnaire dans toutes les parties de l'Italie, même à Milan. Le grand-duc de Toscane imite le pape et accorde une sorte de constitution à ses sujets. A Turin et à Gênes des manifestations populaires commencent à entraîner le gouvernement sarde dans la voie des réformes. Palerme menace de se révolter. Les Autrichiens alarmés occupent Ferrare malgré les protestations du pape, et ils se disposent à intervenir à Parme et à Modène.

Novembre. — La Diète helvétique, après avoir invité le Sonderbund à respecter le pacte fédéral, se décide à employer la force pour dissoudre l'alliance des sept cantons. Malgré les menaces des trois puissances du Nord et de la France, malgré le départ des ambassadeurs, une armée de 60,000 hommes et de 150 canons marche contre le Sonderbund; après plusieurs combats, Fribourg et Lucerne sont prises, les jésuites chassés, l'alliance dissoute, etc.

20 décembre. — Abd-el-Kader, battu par les Marocains, traqué par nos troupes, coupé de la route du désert, est forcé de se rendre au général Lamoricière et au duc d'Aumale. La prise de ce chef arabe assure définitivement notre domination en Afrique.

Janvier. — Session de 1848. La discussion de l'adresse au roi dure près de six semaines et enfante une révolution : le ministère attaqué, démasqué dans tous ses actes d'immoralité politique, ne répond que par les votes systématiques de la majorité; il justifie sa conduite contre-révolutionnaire à l'égard de la Suisse et de l'Italie; il se déclare résolu à empêcher les banquets réformistes; enfin il flétrit la minorité en faisant insérer dans l'adresse comme dans le discours du roi que « l'agitation de la France n'est produite que par des passions aveugles ou ennemies. »

11 février. — Un banquet avait été projeté dans le douzième arrondissement de Paris, et

une ordonnance du préfet de police l'ayant interdit, les commissaires l'avaient ajourné. Après la discussion de l'adresse, cent députés déclarent qu'ils sont résolus à poursuivre par tous les moyens légaux le maintien du droit de réunion, et un banquet solennel est annoncé pour le 22 février dans les Champs-Élysées.

21 février. — La commission du banquet invite la garde nationale, les écoles, la population entière à faire cortége aux députés, pairs de France, électeurs qui doivent assister à cette réunion.

22 février. — Le gouvernement appelle des troupes et déclare qu'il s'opposera au banquet par la force. Les commissaires, en présence des violences que prépare le ministère, annoncent que la réunion est ajournée. M. Odilon-Barrot dépose à la chambre une proposition de mise en accusation contre M. Guizot et ses collègues. L'insurrection commence.

23 février. — L'insurrection continue; la garde nationale se rassemble au cri de Vive la Réforme! les troupes indécises n'osent faire usage de leurs armes. Le ministère donne sa démission. La joie est universelle, les troupes et le peuple fraternisent, Paris est illuminé; mais le soir, devant le ministère des affaires étrangères, la foule qui se pressait sur le boulevard est accueillie par une décharge à bout portant : cinquante-deux personnes tombent mortes ou blessées. On crie à la trahison! aux armes! tout Paris se couvre de barricades, et l'insurrection recommence plus terrible et implacable.

24 février. — Le roi charge M. Odilon-Barrot de faire un ministère; mais il est trop tard. On crie : Plus de roi! vive la République! Alors Louis-Philippe abdique et nomme régente la duchesse d'Orléans. Mais les Tuileries et le palais Bourbon sont envahis par le peuple; la famille royale s'enfuit, et les insurgés nomment un gouvernement provisoire composé de sept députés. Ce gouvernement proclame la République.

FIN.

Paris — Typographie Plon frères, rue de Vaugirard, 36.